Gerald Geilert

COLLEONI: HANNOVER, BIESENTHAL, BERLIN

Essay über ein künstlerisches Projekt von Franziska Cordes

2010

Mit 20 Abbildungen, davon 17 in Farbe.
Fotografie auf dem Einband © Franziska Cordes
Text © Gerald Geilert
Herstellung und Verlag: Books on Demand GmbH, Norderstedt
ISBN: 9783842331891

INHALTSANGABE

Einleitung 4
Das Original: Das Colleoni-Standbild in Venedig 7
Colleoni-Kopien: Hannover, Moskau, London, Warschau, Stettin,
Newark 12
Sturz der Colleoni-Kopie in Hannover 18
Colleoni in Biesenthal 22
Colleoni in Berlin 24
Wohin mit Colleoni? 28

Endnoten 30
Abbildungsverzeichnis 31

EINLEITUNG

Energisch, fast zornig, starrt mich von einem Schwarz-Weiß-Foto [Abb.1] an der Pinnwand neben meinem Schreibtisch ein Mann aus seinen in die Augäpfel gebohrten Pupillen an. Seine Stirn hat er temperamentvoll zusammengezogen, so dass sich wulstartig Falten am Ansatz seiner Nase ballen. Auch die struppigen Augenbrauen und die geradezu spöttisch nach hinten heruntergezogenen Mundwinkel verstärken die hypnotische Wirkung seiner aufgerissenen Augen. Und, je länger ich seine herausfordernde Mimik betrachte, umso zwingender erscheint mir die Auseinandersetzung mit der Geschichte, die sich um diese Person und den Umgang mit seinem Erbe rankt.

Begonnen hatte alles eines Abends, als ich bei Freunden auf ein Bier eingeladen war. Unter den Anwesenden war auch die Künstlerin Franziska Cordes, die noch einen Fahrer für den Kleintransporter suchte, mit dem sie ein Reiterstandbild von Hannover ins brandenburgische Biesenthal in der Nähe von Berlin transportieren wollte. Ich prahlte ein wenig damit, dass ich ordentlich zupacken könne, und sie versprach, sich am nächsten Tag telefonisch zu melden.

Am nächsten Morgen hatte ich den Eindruck, dass ich mich wie in einer Hafenkneipe anheuern lassen hatte. Zum Glück hatte ich nichts unterschrieben. Der Anruf kam am frühen Nachmittag. Franziska fragte mich, ob ich nun tatsächlich zusagen würde. Ich bejahte dies ein zweites Mal und sagte zu, einige Tage später den Transporter von einem Autoverleih abzuholen. Nach dem Gespräch war ich froh, in ein paar Tagen nicht am Schreibtisch zu sitzen, sondern tatsächlich etwas zu bewegen. Gleichzeitig gesellte sich aber auch ein ungutes, vielleicht unbegründetes, Gefühl hinzu. Ich hoffte insgeheim -auch wenn das ein wenig absurd klingt-, dass wir nicht etwa den in Husarenuniform gekleideten König Ernst August von Hannover oder ein anderes öffentliches Denkmal in einer anarchischen Nacht- und Nebel-Aktion stürzen sollten. Diese Bedenken schob ich alsbald beiseite. Ich wollte an diesem Spektakel teilhaben.

Bevor die Reise losging, wurden noch Arbeitshandschuhe, ein Seil, Planken und Pfosten eingekauft, die wenigen Gegenstände mit einer Plane abgedeckt und auf der Ladefläche des angemieteten Abschleppwagens vertäut. Mir war nicht ganz klar, wie vier Personen mit diesen paar Hilfsmitteln ein Reiterstandbild demontieren sollten. Zu meiner Verunsicherung kam hinzu, dass diese Arbeit von einem Kamerateam gefilmt werden sollte. Auf der Autobahn, während der Dieselmotor dröhnte, erinnerte ich mich an Videosequenzen aus dem Irak. Das kurze Video, an das ich dachte, fluktuierte wochenlang durch die Nachrichtensendungen aller Sender und durchs Internet. Es zeigt Iraker, die jubelten, nachdem ein gepanzertes amerikanisches Militärfahrzeug eine Bronzestatur von Saddam Hussein von einem hohen

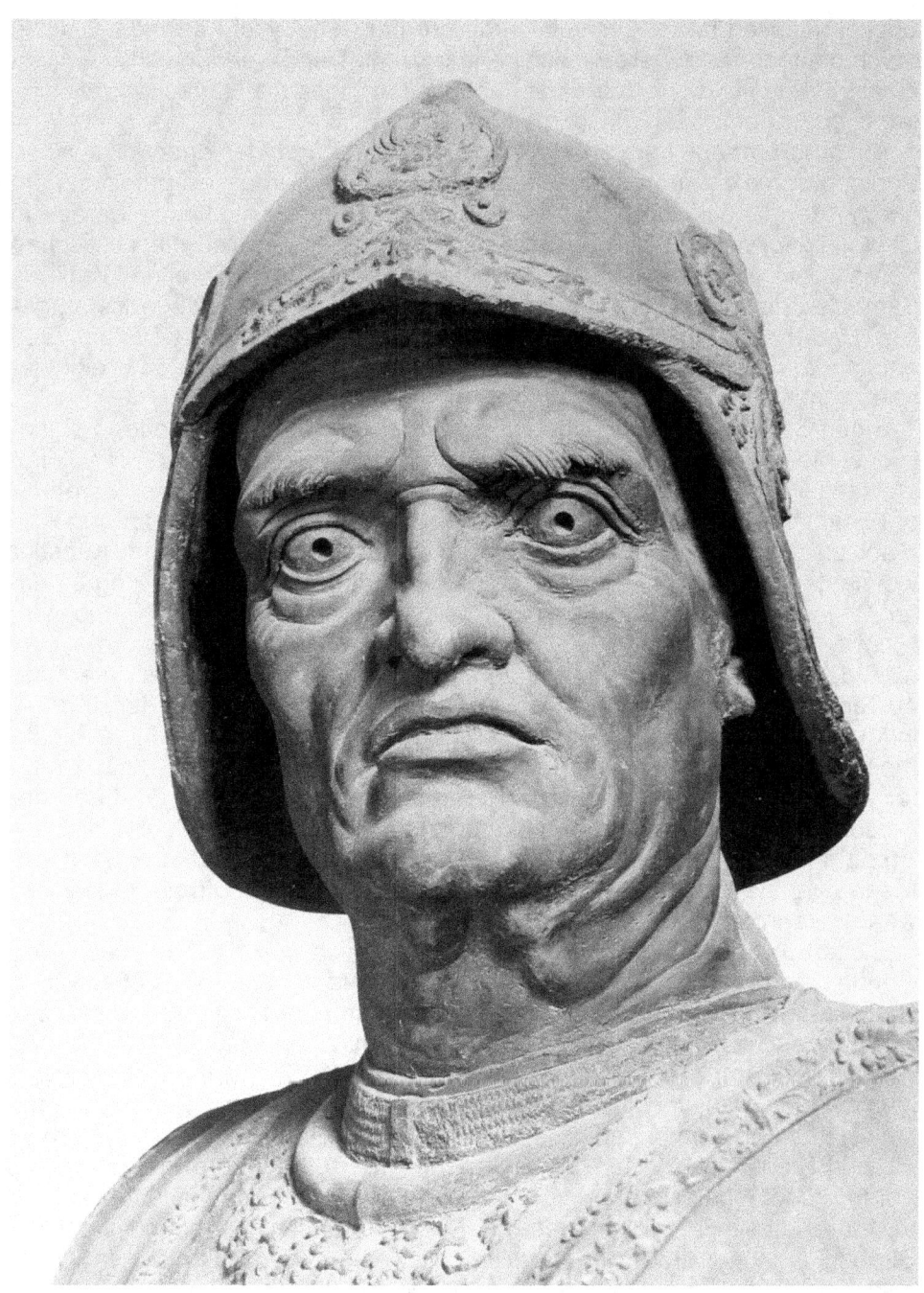

Abb.1: Verrocchio. *Colleoni*, Venedig, 1479-1488

Sockel gerissen hatte. Oftmals wurde nur der Jubel, nicht aber die Beihilfe durch die tonnenschwere Maschinerie gezeigt. Der propagandistische Wert dieses Spots lag sicherlich darin darzustellen, dass die Herrschaft des Diktators zu Ende gegangen war, past perfect.

Auf der Fahrt aus dem ehemaligen Ost-Berlin durch das ehemalige West-Berlin, durch die neuen in die alten Bundesländer wurde mir spätestens am ehemaligen Checkpoint Alpha in Helmstedt klar, dass auch bzw. gerade in Deutschland viele Skulpturen abgerissen wurden, als sich die politischen Verhältnisse geändert hatten. So wurden z.B. nach dem Zweiten Weltkrieg Symbole oder Inschriften der Nationalsozialisten im öffentlichen Raum getilgt. Und, nach dem Fall der Mauer wurden viele der in der DDR bis 1989 entstandenen sozialistischen Skulpturen abgerissen, versetzt oder eingelagert.

Einen Sonderfall bildet sicherlich die von Lew Kerbel geschaffene gigantische Monumentalplastik im ehemaligen Karl-Marx-Stadt, dem heutigen Chemnitz. Per Volksentscheid entschieden die wahlberechtigten Bewohner der Stadt zwar, den Namen der Stadt zu ändern, aber den Kopf von Karl Marx an seinem Standort zu belassen. Selbst als der litauische Künstler Deimantas Narkevicius die Plastik 2007 im Rahmen der Ausstellung *Skulptur Projekte Münster* nur kurze Zeit ausleihen wollte, war dies unmöglich. Nicht zu vernachlässigen, ist in diesem Zusammenhang das enorme Ausmaß des sieben Meter hohen und genauso breiten, neun Meter tiefen und 40 Tonnen schweren Monuments. An Stelle des Objekts zeigte der Künstler in Münster einen Film, in dem er Ausschnitte alter Dokumentarfilme mit aktuellen Aufnahmen kombinierte. Er spürte der Motivation nach, die Skulptur aufzustellen und präsentierte Kommentare von Bürgern, die über ihre persönliche Wahrnehmung des Monuments sprachen. Mit dieser filmischen Arbeit analysierte er, wie die Statue angenommen wurde, und präsentierte Ideen, wie sie nach dem Zusammenbruch des SED-Regimes verstanden werden kann.[1]

Sicherlich haben sich über die Jahrzehnte nicht nur die politischen Umstände, sondern auch die Intentionen der Künstler verändert, im öffentlichen Raum zu arbeiten. Ich erinnerte mich an die kurze, vielleicht auch verkürzte, Skulpturgeschichte der Moderne des amerikanischen Künstlers Carl Andre: „*Plastik als Form / Plastik als Struktur / Plastik als Ort*"[2]. Um diese Entwicklung zu illustrieren, verwies Andre auf die Wahrnehmung der New Yorker Freiheitsstatue durch amerikanische Künstler. Zuerst stand seiner Meinung nach die von Frédéric-Auguste Bartholdi modulierte äußere Form der Statue im Vordergrund. Später hätten sich die Künstler für die Eisenkonstruktion von Gustave Eiffel im Inneren interessiert. Die Konstruktion, die Innenstruktur, die Streben, Ausleger und Stützen rückten ins Zentrum der Diskussionen. Andre selbst ging es nur noch um den Aufstellungsort Bedloe's Island. Ich war gespannt, um was für ein Kunstwerk es sich in Hannover handelte.

Als wir den kleinen LKW auf einem Parkplatz vor einem Hochhaus in der Lindenallee am Stadtrand von Hannover abgestellt hatten, mussten wir erst um eine Hausecke gehen, um dort das Standbild in Augenschein nehmen zu können: Vor einer Baumreihe stand auf einem hohen Betonsockel ein gold- und bronzefarbenes, geflecktes Reiterstandbild. [Abb.2] Die Plastik war so aufgestellt, dass vom Gebäude aus nur der Rücken des Reiters zu sehen war. Wir mussten also erst über den akkurat getrimmten Rasen um den Betonsockel herumgehen, um dem grimmig dreinschauenden Reiter ins Antlitz sehen zu können.

DAS ORIGINAL: DAS COLLEONI-STANDBILD IN VENEDIG

Wer dort dargestellt war, ließ sich einer der in bronzenen Buchstaben angebrachten Inschriften entnehmen. Sie lautete: BARTHOLOMEO COLEONO BERGOMENSI OB MILITARE IMPERIUM OPTIME GESTUM S.(enatus) C.(onsolto). Bei der dargestellten Person handelte es sich also um den italienischen Condottiere Bartholomeo Colleoni aus Bergamo, dem auf Beschluss des venezianischen Senats für seine hervorragenden militärischen Leistungen ein Denkmal gesetzt worden war. Colleoni, der im Jahr 1400 geboren wurde, stand zunächst in neapolitanischen Diensten und wurde 1454 von der Republik Venedig zum Generalkapitän bzw. zum Capitano de mar ernannt. Er starb am vierten November 1475 in Malpaga bei Venedig. Kurz zuvor, am 30. Oktober desselben Jahres, hatte er sein Testament unterzeichnet, in dem er sein beträchtliches Vermögen der Stadt Venedig vermachte. Dieses »Geschenk«, mit dem –wie es hieß– der Krieg gegen die Türken finanziert werden sollte, war jedoch an eine Bedingung geknüpft.

In seinem letzten Willen äußerte Colleoni den Wunsch, dass ihm zu Ehren auf dem Markusplatz eine Plastik aufgestellt werde. Am 30. Juli 1479 entschied der Senat, dass diesem Wunsch, an den die Auszahlung des Vermögens gebunden war, entsprochen werden solle. Wem der Auftrag, das Kunstwerk anzufertigen zu erteilen sei, und auch über den genauen Ort der Aufstellung wurde zu diesem Zeitpunkt noch nicht entschieden. Über den gewünschten Aufstellungsort, den viele Historiker als Affront oder Provokation Colleonis beschrieben, wurde erst im März 1494 entschieden. Sein Testament wurde so umgedeutet, dass nicht die Piazza, sondern die Scuola di San Marco als Kulisse für das Reiterstandbild dienen sollte, das inzwischen –nach dem Tod von Verrocchio– von Leopardi gegossen worden war. Dort, auf dem Campo SS. Giovanni e Paolo steht es bis heute.[3] [Abb.3]

Dieses Original gehört zu den bedeutendsten Werken der Kunstgeschichte. Seit seiner Aufstellung im Jahre 1495 bzw. seiner Enthüllung im März 1496 wurde es in vielen Lexika und Standardwerken zur Kunstgeschichte erwähnt. So z.B. im *Lexikon der Kunststile*[4], in *Die Geschichte der Kunst*[5] von

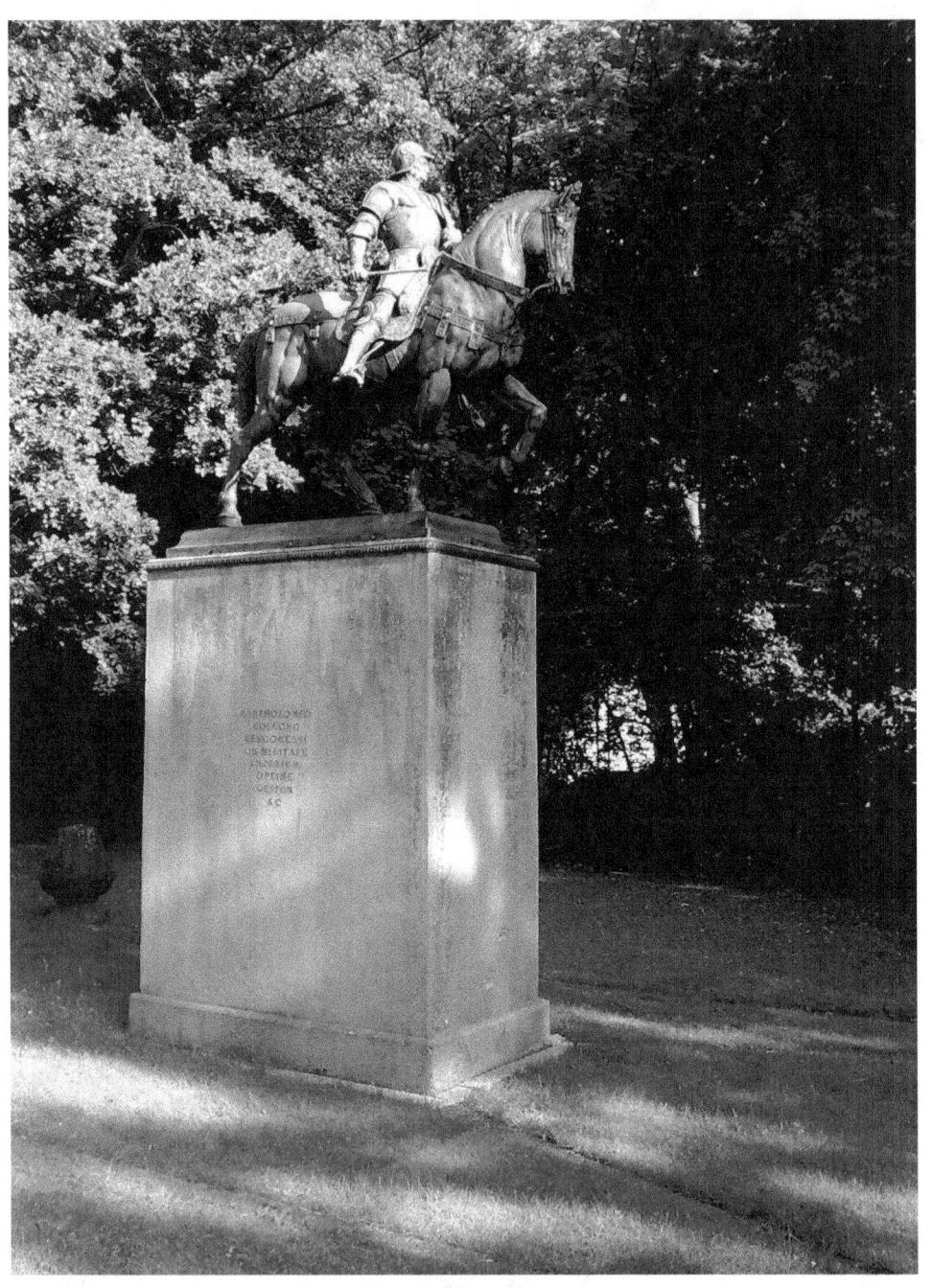

Abb.2: Colleoni-Kopie, Hannover (200 x 190 x 104 cm)
Abb.3 (rechts): Verrocchio. *Colleoni*, Venedig (Höhe: 395 cm)

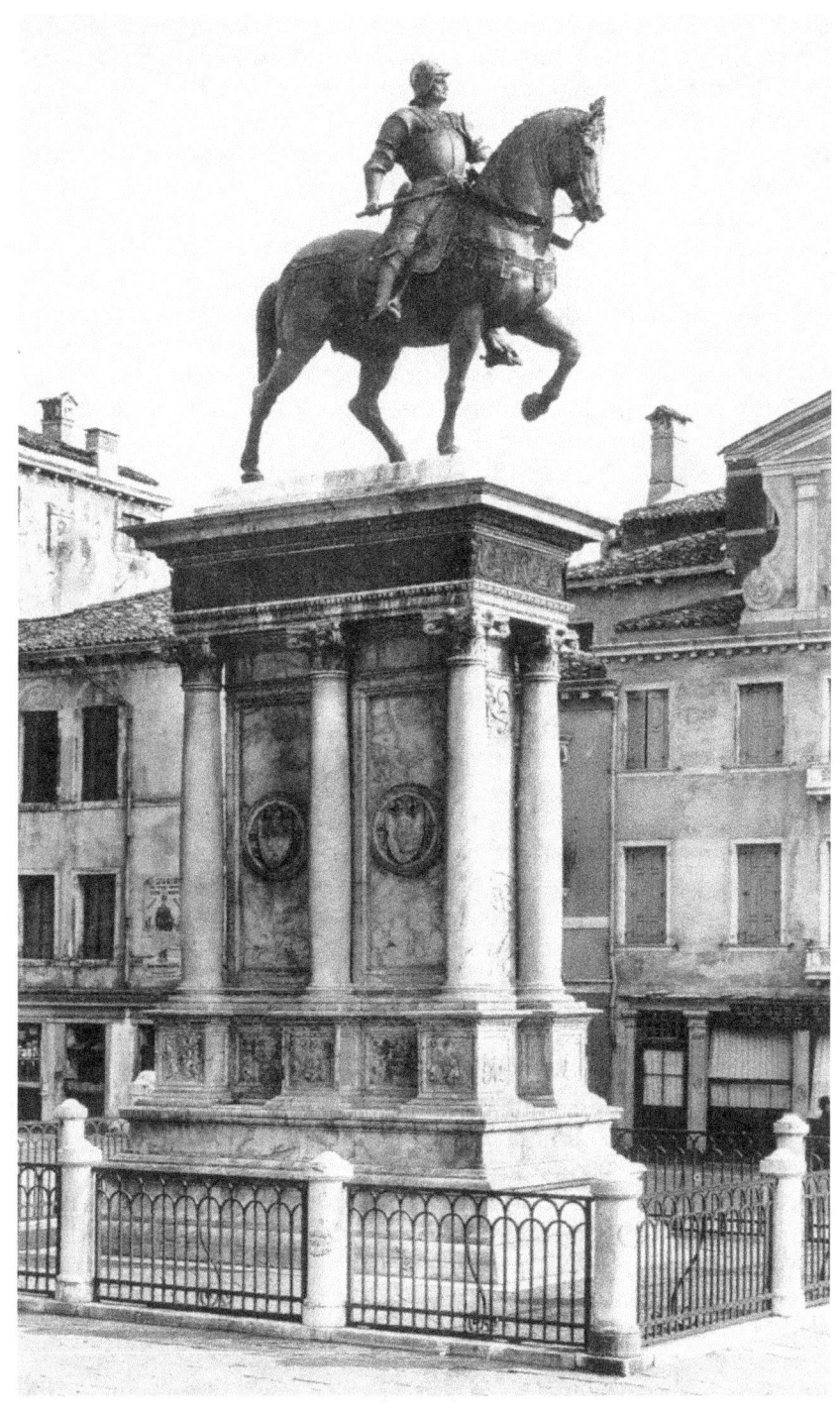

Ernst Gombrich, und selbst der Vater der Kunstgeschichte, Giorgio Vasari, berichtete in seinen Künstlerviten von diesem Reiterstandbild, das Verrocchio für den Stadtstaat Venedig anfertigen sollte.[6]

Dem *Lexikon der Kunststile* ist zu entnehmen, dass aus dem Reiterstandbild der Geist der Renaissance spreche, nämlich *„des neuen Menschen, der selbstbewußt und unbelastet von Konventionen sich in der Pose der Überlegenen gefällt."*[7] Mit seiner Haltung und Mimik zeige Verrocchio eindringlich, wie sich der Capitano de mar herrisch, mit stürmischem Pathos und geradezu abstoßender Rücksichtslosigkeit gegenüber seiner Umwelt behaupte. Es sei *„das vielleicht eindringlichste Bild des Renaissancemenschen, der sich als Zentrum einer von ihm beherrschten Welt betrachtet, dem die Freiheit des Individuums höchstes Ziel bedeutet."*[8]

Auch Ernst Gombrich schreibt das Reiterstandbild Andrea del Verrocchio zu und weiß davon zu berichten, dass der Künstler so bekannt war, dass die Republik Venedig bei ihm ein Denkmal für den Söldnerführer bestellte. Auch pries er den Realismus und das genaue Studium der Anatomie des Pferdekörpers und der Muskeln und Sehnen in Colleonis Gesicht. Dies mache den Künstler zu einem ehrwürdigen Erben in der Tradition Donatellos. Fortgesetzt habe diese dann ein bekannter Schüler von Verrocchio, nämlich Leonardo da Vinci.[9]

Vasari, bekannt dafür, dass er immer bemüht war, das soziale Ansehen der Künstler aufzupolieren, beschrieb anekdotisch, wie sich Verrocchio gegenüber seinen Auftraggebern durchsetzte. Er berichtet davon, dass der Senat von Venedig entschieden habe, dass Verrocchio das Pferd und Vellano[10] aus Padua die Figur gestalten sollte. Beim Eintreffen der Nachricht habe Verrocchio seinem Pferd, dem Modell aus Ton, das er bereits modelliert hatte, Kopf und Beine zerbrochen und sei danach unverzüglich nach Florenz abgereist. Daraufhin hätten die Auftraggeber, laut Vasari, entschieden, dass dem Künstler dasselbe Schicksal widerfahren solle, wenn er es wage, Venedig nochmals zu betreten. Verrocchio habe, als er von dieser Drohung erfuhr, einen Brief geschrieben, in dem er auf seinen Rechten als Künstler beharrte. Er werde sich unter diesen Umständen selbstverständlich hüten, die Stadt wieder zu betreten, da es nicht in der Macht seiner Auftraggeber stehe, ihm seinen Kopf wieder anzusetzen. Er hingegen könne wie kein Zweiter dem Pferd einen schönen Kopf machen. Von dieser Argumentation sei die Signoria von Venedig so beeindruckt gewesen, dass sie Verrocchio zum doppelten Gehalt in die Stadt zurückrief.[11]

Auch von bedeutenden Künstlern wie z.B. Canaletto wurde die Skulptur thematisiert. [Abb.4] Auf seinem Bild vom Campo SS. Giovanni e Paolo ist links im Schatten die Außenfassade der Scuola di San Marco zu sehen, die nach einem Brand im Jahre 1487 stark beschädigt worden war. Sie ist danach bis 1494, also bis kurz vor der Aufstellung des Standbildes, renoviert worden. Möglicherweise hat dies auch den Ausschlag gegeben, die Skulptur gerade hier und nicht auf der Piazza di San Marco aufzustellen. Rechts

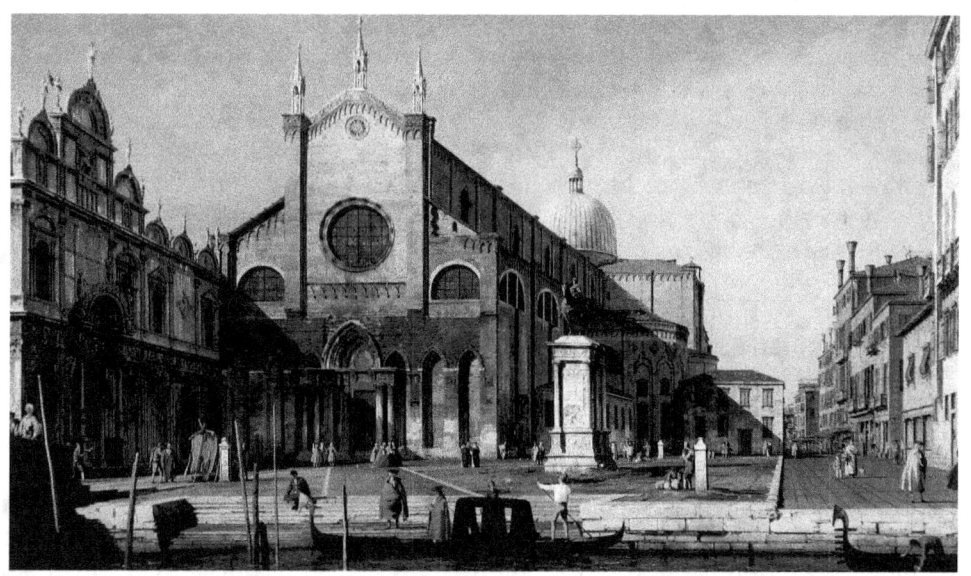

Abb.4: Canaletto. *Venezia, Campo Santi Giovanni e Paolo*, 1741

neben der Kirche St. Giovanni e Paolo, fast in der Mitte des Gemäldes, ist das Denkmal des Capitano de mar auf dem von Leopardi gestalteten Kenotaph bzw. dem Leer- oder Scheingrab zu sehen. Selbst bei dem relativ niedrigen Sonnenstand werden Ross und Reiter noch von Sonnenstrahlen erfasst. Wie ein Prunkstück befindet sich die 395 Zentimeter hohe Skulptur, die bei der Enthüllung 1496 noch vergoldet war, in respekteinflößender Höhe über den Köpfen der Passanten. Optisch schwebt das Juwel über den Dächern der angrenzenden Gebäude. Auf dem Markusplatz wäre dieser Effekt sicherlich nicht zu erzielen gewesen. Der Aufstellungsort scheint also nicht beliebig zu sein.

Auch die Darstellung von Ross und Reiter sind aufs Engste mit dem Standort Venedig verbunden. Die sanfte, gelehrige Veranlagung einerseits und das feurige Temperament andererseits machten –so der italienische Humanist Leon Battista Alberti– das Pferd zum idealen Mitstreiter. Es sei mit leichter Hand zu führen und zerschmettert dennoch die Rüstung des Gegners. Alberti beschrieb, wie ein Pferd zu erkennen ist, das am besten zum Kriegführen taugt: *„Das Pferd besitze dann die beste Veranlagung zur Kriegsführung, »wenn es zu jeglicher Bewegung bereit sei, einen nervösen Körper, zitternde Beine, neugierig aufgerichtete Ohren, einen finsteren Blick und wachsame Augen besitze. Der Schwanz sei aufgerichtet, wenn es seine Kräfte zur Schau stellt.«*"[12] Diese Beschreibung trifft genau auf das Pferd zu, auf dem der Condottotiere sitzt. Die Darstellung entspricht damit genau den damals gängigen Konventionen für einen Capitano de mar oder einen Capitano de ter.

Ebenfalls entsprechend seiner Profession trägt Colleoni einen zeitgenössischen Kampfharnisch mit prunkvollen Ziselierungen. Auf dem Kopf hat er eine Sturmhaube, wie sie seiner Zeit für leicht gerüstete Infanteristen vorgesehen war. Normalerweise gehörte zu dem Plattenharnisch ein schwerer Helm mit Visier. Diese leichte Abänderung der militärischen Rüstung ist darauf zurückzuführen, dass das Gesicht, und damit auch Colleonis eindrucksvolle Mimik, von einem standesgemäßen Helm, entweder teilweise oder gar bis auf den schmalen Sehschlitz, verdeckt worden wäre. Trotz dieser kleinen Abweichung sind keine antiken Reminiszenzen zu erkennen. Die Rüstung entspricht dem damals gängigen militärischen Equipment.[13]

Mit der einen Hand führt Colleoni das Pferd. Beeindruckend gehen die „*Kraftlinien*"[14] des Pferdes in die Figur über. Pferd und Reiter verschmelzen zu einer Einheit, einer Kampfgemeinschaft oder Kampfmaschinerie. Gombrich bewundert die Haltung des Reiters, der „*an der Spitze seiner Truppen kühn und herausfordernd in die Schlacht zu ziehen scheint.*"[13] Verwundern mag daher, dass er kein Schwert oder eine andere gebräuchliche Waffe in der Hand hat, mit der er seine Gegner bezwingen kann. Stattdessen hält er einen relativ langen, runden Stab in der rechten Hand. Dies hat den Grund, dass das Schwert innerhalb der venezianischen Herrschaftssymbolik der richterlichen Gewalt vorbehalten war. Bei dem Stab handelt es sich um einen Kommandostab, der dem Capitano bei seiner Amtseinführung als Insignie seines Amtes überreicht wurde. Damit folgt Verrocchio mit seiner Darstellung wiederum den damaligen Konventionen. Die Hervorhebung der amtlichen Funktion des Reiters zeigt, wer über Krieg und Frieden entscheidet. Und diese staatlich gelenkte Kriegsführung wurde glorifiziert. So ist auch die Symbolik an den Ort Venedig gebunden und kulturhistorisch eingebettet. Die Statue ist also geschichtlich wie auch topografisch an ihrem Platz verankert.

COLLEONI-KOPIEN: HANNOVER, MOSKAU, LONDON, WARSCHAU, STETTIN, NEWARK

In Hannover handelte es sich um eine Kopie. Wahrscheinlich war kaum jemandem von den »Arbeitern«, die am nächsten Tag den Guss vom Betonsockel nehmen sollten, die zuvor geschilderte Geschichte präsent. Und, wie sollte sie auch? Pferde haben längst ihre ehemalige militärische Bedeutung verloren. Modernes Kriegsgerät sieht anders aus. Das Standbild, und das war allen Beteiligten klar, war ein Relikt aus einem anderen vergangenen Zeitalter.

Von der klaren Architektursprache, in die das Werk in Venedig eingebettet war, ist fast nichts mehr zu spüren. Zwar wird der Sockel von vier fruchtzapfenförmigen Pollern und einigen geometrisch in den Boden eingelassenen

Abb.5 (rechts): Verrocchio. *Colleoni*, Venedig

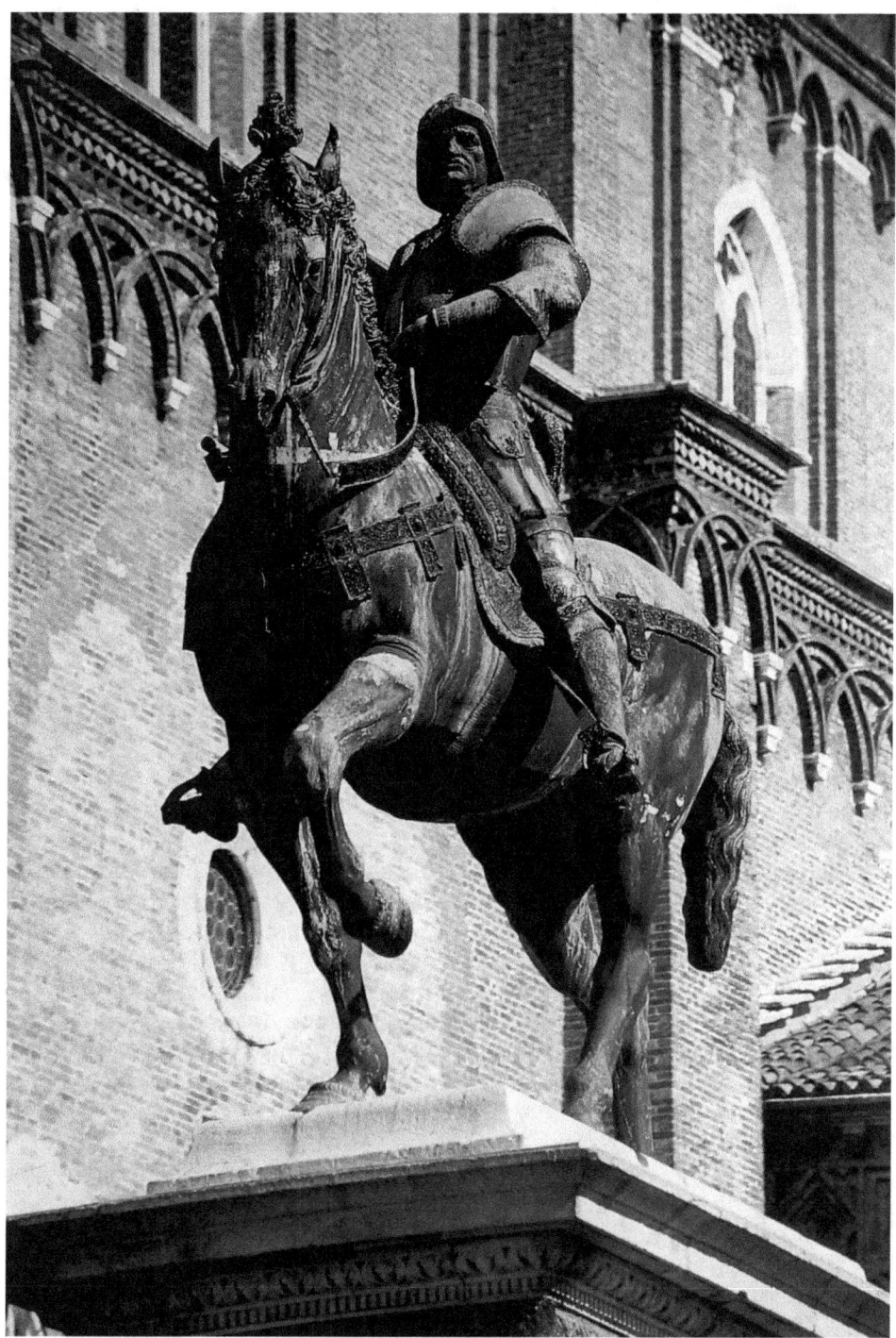

Steinen eingefasst. Jedoch fügt sich dieses Konstrukt nicht in die Umgebung ein. Auch verliert die ungefähr halb so große Kopie des venezianischen Originals gegen das Volumen des Hochhauses. Meist wurde das Ensemble von den Balkonen der Bewohner betrachtet. Aus dieser Perspektive wirkt die gusseiserne Kopie eher wie eine Miniatur, umgrenzt von einem gehäkelten Deckchen auf einem Beistelltischchen. Und, dadurch, dass kein Weg an der Skulpur vorbeiführte, betrachtete auch kaum jemand das Pferd vom Boden aus. Die erhabene Pose des Renaissancemenschen Colleoni wurde hierdurch unterlaufen. Die Skulptur wirkt eher kitschig.

Die Recherche im Internet zeigt, dass nicht nur eine verkleinerte Kopie der venezianischen Skulptur existiert. Es verwundert sicherlich nicht, wenn man im Netz ein Foto findet, das ein Tourist im Moskauer Puschkin-Museum aufgenommen hat. [Abb.7] Auch in anderen großen Museen stehen Kopien klassischer Werke. Sie hatten die Funktion zu veranschaulichen, welche Reichtümer in der Welt der Kunst existieren. Sie sollten gleichzeitig aber auch auf den guten Geschmack und auf den Reichtum der Eigentümer hinweisen.

1859 war schon eine Kopie des Colleoni-Reiterstandbildes im vom britischen Architekten Joseph Paxton entworfenen Crystal Palace auf der Londoner Weltausstellung zu sehen. Im Court of Monuments of Christian Art standen sich die zwei bedeutendsten Reiterstandbilder der Renaissance, eben Verrocchios Colleoni und Donatellos Gattamelata gegenüber. [Abb.8] Dies war ein gängiger aber teurer Weg, dem Publikum Werke der Renaissance zu zeigen und es am kulturellen Erbe teilhaben zu lassen. Sicherlich war diese Praxis eindrucksvoller als ein Foto zu zeigen.

In Polen befinden sich gleich zwei Kopien des Colleoni-Standbildes. Das eine ist in Warschau vor dem Czapski-Palais aufgestellt, das heute unter anderem die Akademie der Künste beherbergt. [Abb.9] Ein weiteres steht auf dem Lotników Platz in Stettin. [Abb.10] Dass vor einer Kunstakademie ein kunsthistorisch interessantes Werk steht, kann leicht nachvollzogen werden. Es kann als Markierung gelesen werden: Hier entsteht große Kunst. Und, vielleicht inspiriert es auch den ein oder anderen Kunststudenten. Was hat es aber in Stettin zu suchen? Welche mögliche Funktion ließe sich diesem Werk zuordnen? Was hat ein italienischer Capitano de mar an einem öffentlichen Ort in Polen zu suchen? Was sollen die polnischen Passanten, etwa ein Hausfrau, ein Banker oder ein Soldat von dieser Machtdemonstration halten? Man weiß es nicht.

Auch in den USA existiert eine Kopie des venezianischen Reiterstandbilds. [Abb.11] Sie steht im Lincoln Park in Newark im Bundesstaat New Jersey. Der so genannte Bier-Baron Christian Feigenspan wollte zur Verschönerung des Parks vor seinem Haus beitragen und nahm den Vorschlag

Abb.6 (oben): Colleoni-Kopie, Hannover
Abb.7 (unten): Colleoni-Kopie, Puschkin-Museum, Moskau

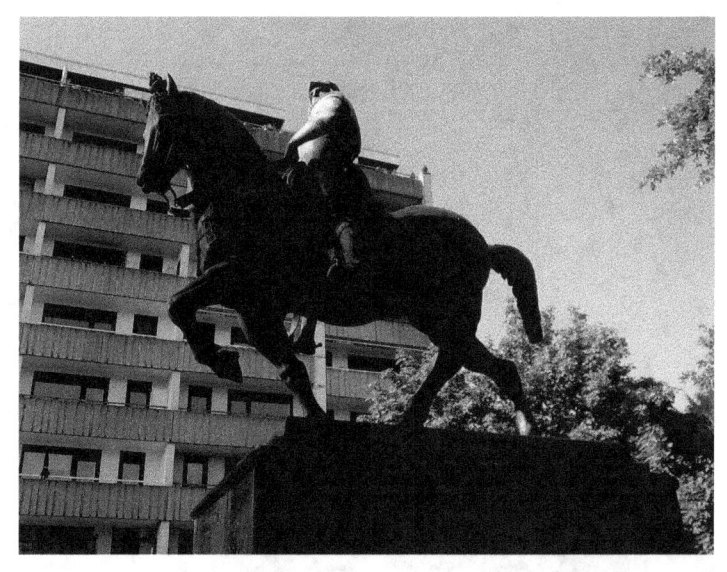

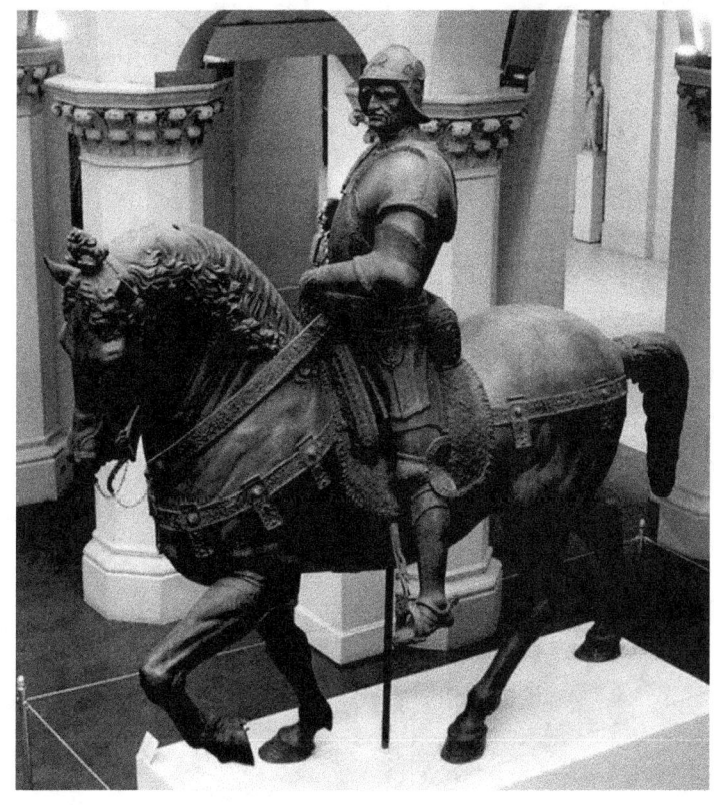

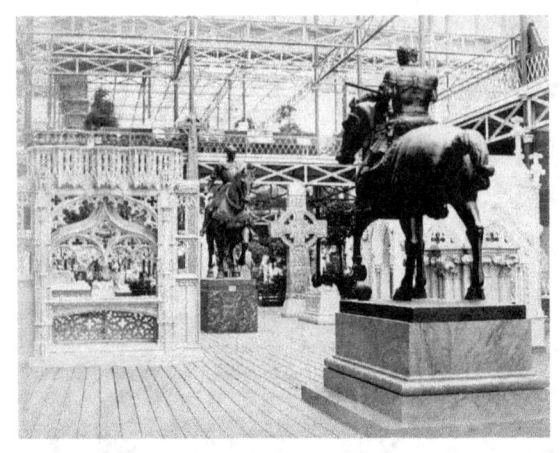

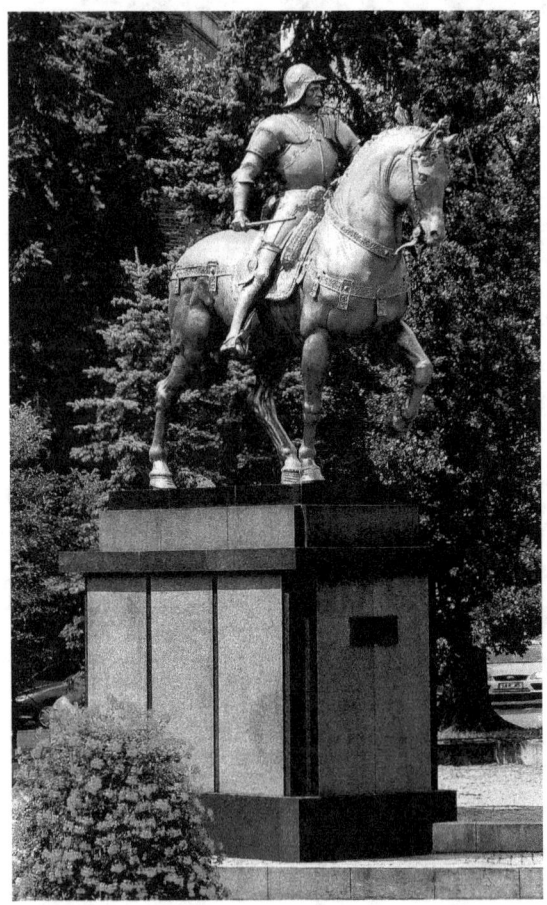

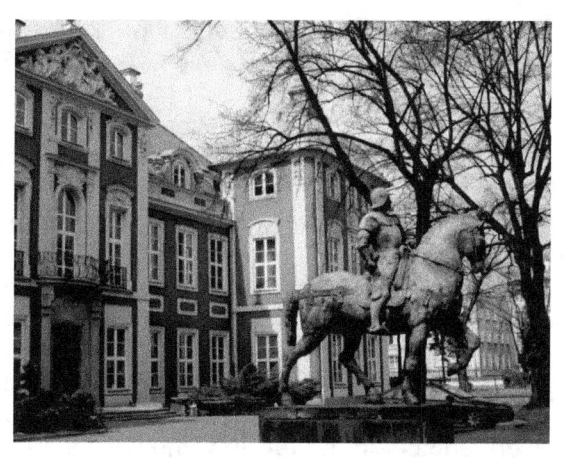

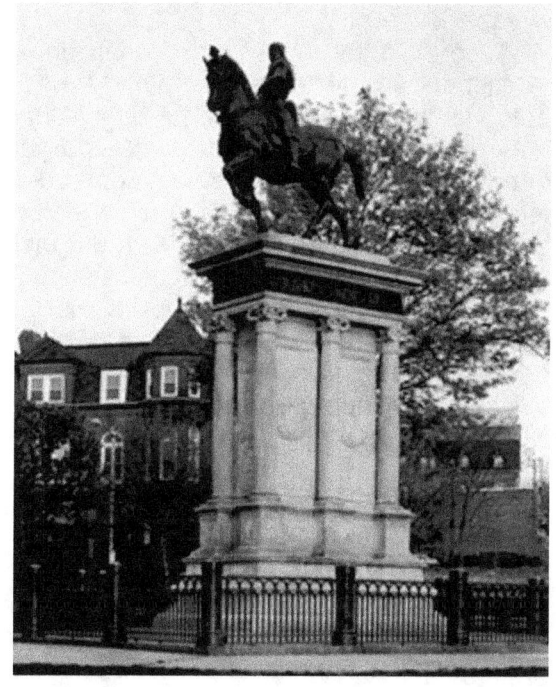

Abb.8 (links oben): Colleoni-Kopie im Kristallpalast, London
Abb.9 (oben): Colleoni-Kopie, Warschau
Abb.10 (links unten): Colleoni-Kopie, Stettin
Abb.11 (unten): Colleoni-Kopie, Newark

des angesehenen amerikanischen Bildhauers J. Massy Rhind an, dort eine genaue Kopie von Verrocchios Werk zu errichten. 1916 zahlte Feigenspan 70000 Dollar an Rhind, der dafür eine 15 Fuß hohe Skulptur und einen 27 Fuß hohen Sockel schuf. Hiermit hat die Skulptur ziemlich genau die Ausmaße des Originals, und auch der Kenotaph wurde dem Vorbild in Venedig genauestens nachempfunden.[14]

Auf der Internetseite, die der Geschichte des Standbildes nachspürt, wird darauf hingewiesen, dass die Statur im vortouristischen Venedig militärische und merkantile Macht symbolisiere. So könnte die Skulptur als Demonstration wirtschaftlicher Macht gelesen werden. Das für Venedig kommerziell erfolgreiche Zeitalter wäre hiermit der Anknüpfungspunkt und vielleicht ein Grund für die Platzierung der Kopie im Lincoln Park. Sicherlich waren auch die ästhetischen Qualitäten und der kunsthistorische Ruhm von Verrocchios Werk entscheidend für den Entschluss, diese bestimmte Skulptur aufzustellen. Aber, in diesem Fall ist auf der Bedeutungsebene durch den neuen topografischen und historischen Kontext die inhaltliche Aussage verschoben worden.

Weitere Treffer erzielt man, wenn bei der Internetrecherche die Wörter »Colleoni« und »Miniatur« eingibt. Man stößt auf zahlreiche Verkaufsangebote von kleinen Skulpturen für das Wohnzimmer. Diese Kopien sind meist äußerst ungenau modelliert. Die Wiedergabe der aufwendigen Verarbeitung des Vorbildes, etwa der Ziselierungen oder der expressiven Gestik des Reiters scheint nicht so wichtig zu sein. Die Skulptur muss lediglich wiederzuerkennen sein. Daher eignen sich die meisten dieser Miniaturen kaum als Studienobjekt. Sie sind wahrscheinlich genau wie ein David aus Florenz, der auf einer Italienreise gekauft wurde, als Erinnerungsstück zu verstehen. Sie sollen wie die Plastikfiguren an eine Reise, an eine gute Zeit oder ähnliches erinnern. Ebenso ist Verrocchios Colleoni zur Hieroglyphe geworden. Er existiert als Symbol eines vergangenen Zeitalters und dessen ästhetischer Standards.

STURZ DER COLLEONI-KOPIE IN HANNOVER

Am nächsten Morgen wurden zunächst alte abgefahrene Autoreifen von einem Autohändler in Hannover abgeholt und vor dem Betonsockel aufeinandergestapelt. Anschließend verkündeten Hammerschläge, dass es jetzt mit der Arbeit losging. Die Plinthe sollte gelöst werden, weil angenommen wurde, dass die Skulptur mitsamt der Bodenplatte umstürzen würde. Damit sie auch umkippte, wurden zwei Seile an der Gussform befestigt. Das eine führte um den Hinterleib des Pferdes, das andere wurde dem Pferd vor den Beinen von Colleoni um den Leib des Pferdes geschlungen. Jeweils zwei Arbeiter zogen kräftig an einem der Seile. Nichts bewegte sich.

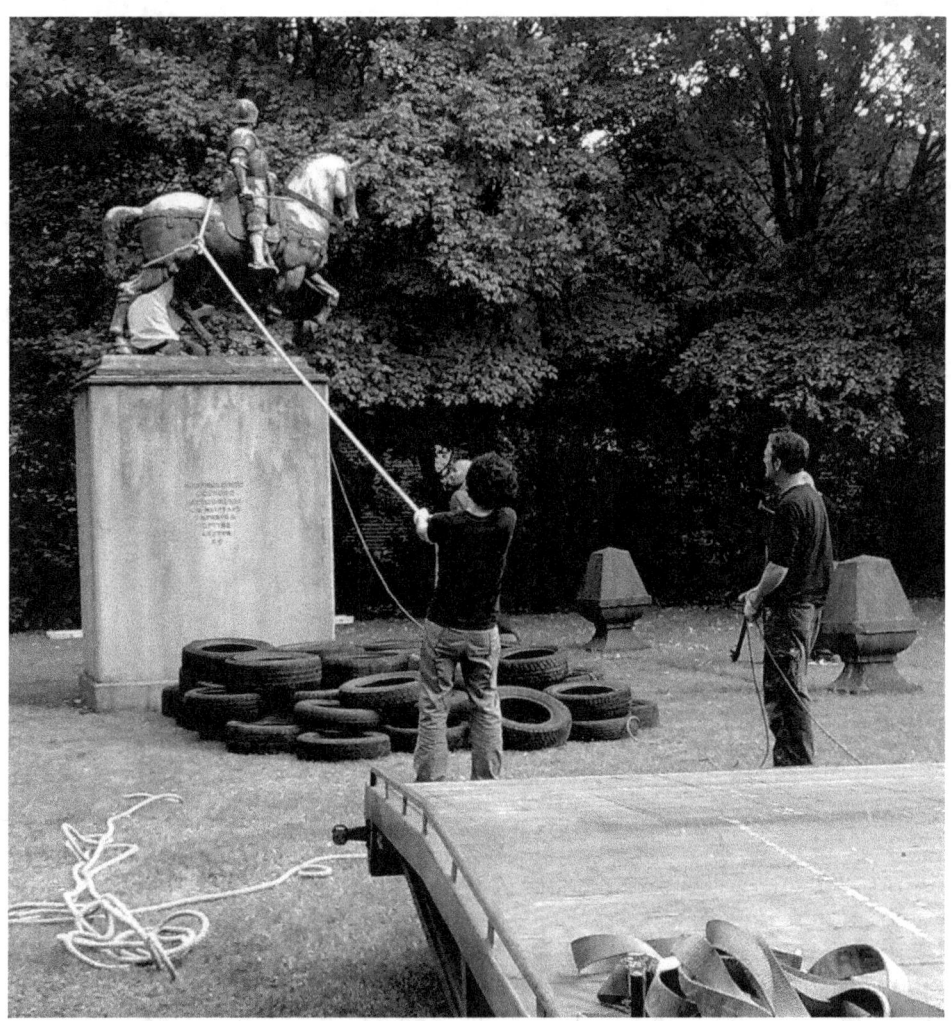

Abb.12: Colleoni-Kopie, Hannover

In einem zweiten Versuch wurde Colleoni ein Seil um den Hals gelegt, und die vier Arbeiter zogen gemeinsam an dem einen Strang. Plötzlich gab die Skulptur nach. Sie riss an den Hufen aus der Verankerung, kippte und landete wie geplant auf dem Reifenstapel. Im Unterschied zu dem eingangs erwähnten Video aus dem Irak brach kein Jubel aus. Eher verwundert und mit Neugier wurde sich dem auf dem Boden liegenden Objekt genähert.

Das Pferd lag da wie tot, und auch der Blick des Reiters wirkte nicht mehr bedrohlich. Die wilde Entschlossenheit schien wütender Verzweiflung gewichen zu sein. Erst jetzt, als Colleoni hilflos auf dem Boden lag und sein Kom-

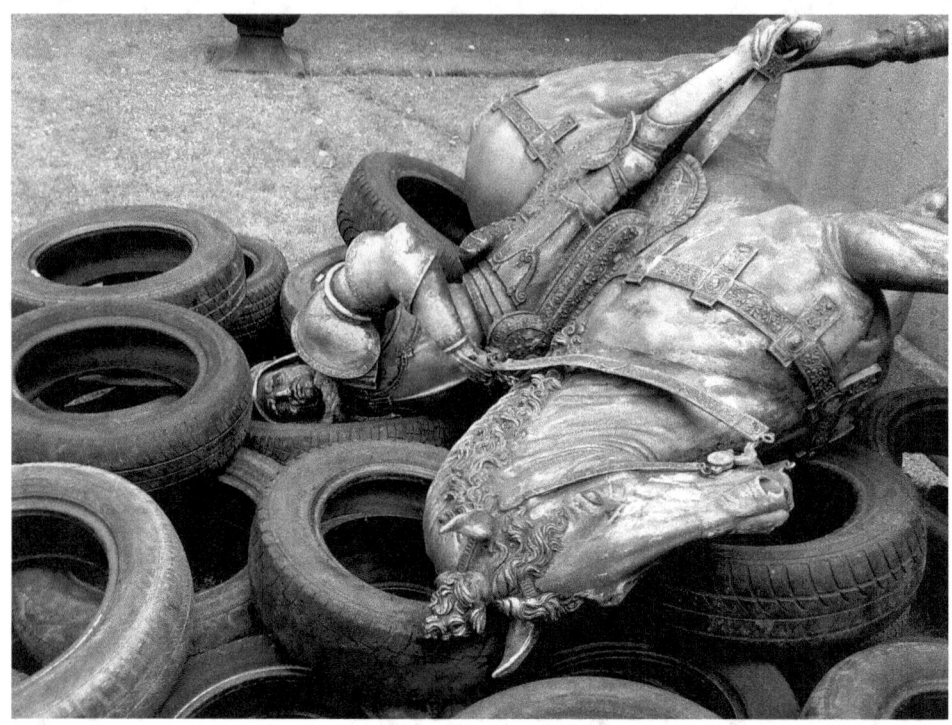

Abb.13: Colleoni-Kopie, Hannover

mandostab verbogen war, sah ich, dass die Ellenbogenschale des Armes, mit dem er mit Leichtigkeit seine Kriegsmaschine lenkte, nach außen dermaßen verbreitert ist, dass Colleoni seinen Arm nicht hätte gerade machen können. Auch andere Teile der Skulptur sind so gestaltet, dass die Bewegungsfreiheit des Capitano deutlich eingeschränkt gewesen wäre. Die neue Perspektive zeigte, dass das Standbild nur in erhöhter Position funktioniert. Das optische Konstrukt war nun abgestürzt, und die perspektivischen Verkürzungen und die angelegten Wahrnehmungsstrukturen gerieten ins Wanken. Erst jetzt wurde deutlich, dass sich die Skulptur in anatomischer oder in konstruktiver Hinsicht als fehlerhaft erweist.

Von den Reifen aus wurde die Gussform über Holzplanken auf den Abschleppwagen gezogen. Zum Schluss war sie mitsamt den Reifen aufgeladen und sorgfältig auf der Pritsche des Abschleppwagens befestigt.

Was wurde hier eigentlich abgerissen? Handelt es sich um ein kunsthistorisch wertvolles Monument, oder wurde hier symbolisch ein Feldherr gestürzt? Vielleicht lohnt ein Blick auf die Fotos, die mir nach der Aktion von den Besitzern des Werks zugeschickt wurden: Das Standbild, das nun wieder auf die Reise geschickt werden sollte, hat schon eine längere Vorgeschichte hinter sich. Der Besitzer des Hochhauses in Hannover, Erich Cordes, hatte

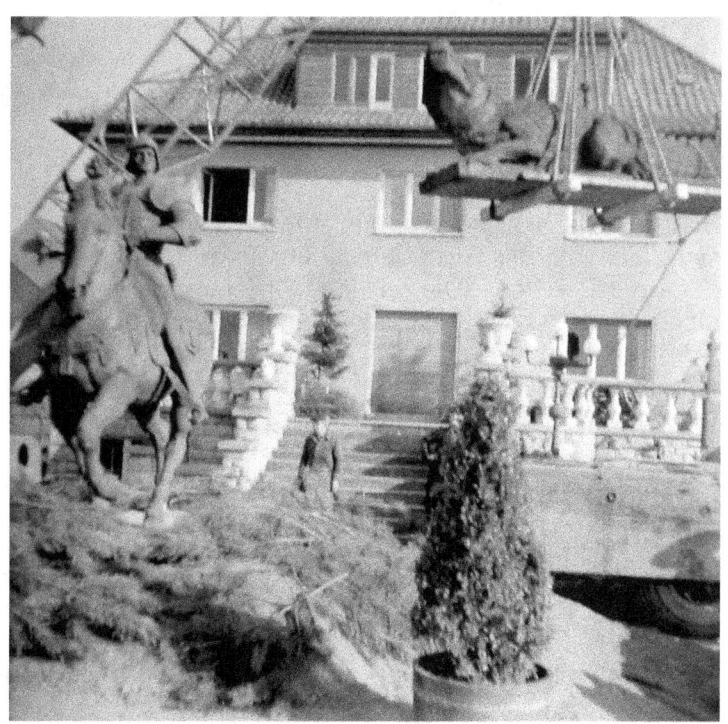

Abb.14: Colleoni-Kopie, Uetze

es Anfang der 70er-Jahre im niedersächsischen Uetze erworben. Es stand dort hinter der Villa des Großindustriellen Georg Greiser in der Peiner Straße, die dieser 1954 bezogen hatte. Das schwarz-weiße Foto [Abb.14] ist am Tag des Abtransports aufgenommen worden. Die Skulptur steht noch an ihrem ehemaligen Platz. Sie war ebenerdig vor einer Treppe, die in den Garten führt, aufgestellt. Deutlich sind die abgespreizten Beine von Colleoni zu erkennen, mit denen er im Sattel steht. Daneben ist ein LKW zu sehen, auf den mit einem Kran Krokodile aufgeladen wurden, die ebenfalls nach Hannover transportiert wurden. Ein anderes Foto zeigt einen Bagger, mit dem das Pferd in Hannover auf den schon erwähnten Betonsockel gehoben wurde. Insgesamt entsteht der Eindruck, als ob Gimmicks für eine Art Freizeitpark eingekauft wurden.

Im Jahr 2009 zeigte eine endoskopische Untersuchung des Denkmals, dass der Abguss von innen korrodiert war.[17] Sie hätte also entweder aufwendig restauriert oder eben entfernt werden müssen. Nun lag sie fest verzurrt auf dem Abschleppwagen, mit dem sie über die Autobahn nach Biesenthal hinübergebracht werden sollte. Das Voranreiten bzw. die Bewegung, die zuvor nur durch optische Tricks angedeutet wurde, fand nun physisch statt.

COLLEONI IN BIESENTHAL

Im brandenburgischen Biesenthal lag das Standbild zur Eröffnung der Ausstellung *Inkonstruktion IV*[18] hinter einer modernen Villa. Die Reifen, die den Sturz des Gusses sanft abgefedert hatten, lagen verstreut auf dem Rasen. Auch die anderen Hilfsmittel, die Bretter und Pfosten lagen wie abgeworfen herum. Es lässt sich gut vorstellen, wie die Dinge vom LKW heruntergefallen sind. Dadurch glich diese Anordnung von Objekten eher dem Durcheinander einer Baustelle. Die optische Ordnung, die auf den Bildern von Colleonis Zeitgenossen Paolo Uccello angelegt war, ist hier ad absurdum geführt worden. Nichts deutet mehr auf einen zentralperspektivischen Illusionismus hin. Vielmehr scheint das Konstrukt zusammengebrochen zu sein. Die Dinge treten nun als solche deutlich hervor.

Das Pferd wurde auf die Reise geschickt. In Biesenthal verdeutlicht es die fundamentale Ortlosigkeit der Hieroglyphe des Reiterstandbilds. Der Titel der Arbeit lautete *Ruhig, leer, und offen für alles*. Das Pferd ist nicht nur physisch zur Ruhe gekommen. Es macht nicht mehr den Eindruck, dass es den Reiter nach vorn trägt. Keine optische Illusion zwingt den Geist anzunehmen, Colleoni treibe das Pferd an. Das Tier, das der Erhöhung seiner Person diente, liegt jetzt auf seinem Bein.

Diese Anordnung erinnert an einen Baukasten. Jedoch gibt es keine Bauanleitung. Es ist völlig offen, wie dieses Pferdchen, das bei der Eröffnung sinnentleert wie weggeschmissen herumlag, in Zukunft verwendet werden würde. Daher verwundert es nicht, dass von der Künstlerin Franzsika Cordes vor der Ausstellungseröffnung erwartete wurde, dass sie, als das Pferd schon auf dem Rasen lag, doch mit der Arbeit beginnen solle. Jedoch war ihre Arbeit bereits fertiggestellt. Die eigentliche Arbeit samt dem Arrangement der Dinge hatte sie an die Arbeiter delegiert. Vorgegeben hatte sie nur den konzeptuellen Rahmen.

Im Unterschied zu den anderen Colleoni-Kopien wurde diese von Franziska Cordes nicht aufrecht auf einem Sockel installiert. Hierdurch wurde die Frage gestellt, die sonst kaum interessierte oder nicht von Belang war, nämlich, was die Colleoni-Statue in Stettin, Warschau oder Newark zu suchen hat. Wohin mochte diese Offenheit wohl führen?

Einerseits schwingt eine gewisse Morbidität mit. Andererseits appelliert die Ansicht der Szenerie in Biesenthal an die Vorstellungskraft des Betrachters, etwas Neues zu kreieren. Denken ließe sich z.B., dass sie tatsächlich restauriert und andernorts aufgestellt würde. Eine andere Möglichkeit wäre, das Material, etwa die Bronze, einzuschmelzen und ein neues Kunstwerk zu schaffen. Das alte Zeitalter scheint außer Kraft gesetzt. Die alte Ordnung wird nicht wiederhergestellt, sondern bricht zusammen. Der Ewigkeitsanspruch scheint abgelaufen zu sein. Nichts ist mehr von der *„eindringlichen Schlichtheit"*[16] zu spüren, von der Gombrich sprach. Die Größe ist dahin.

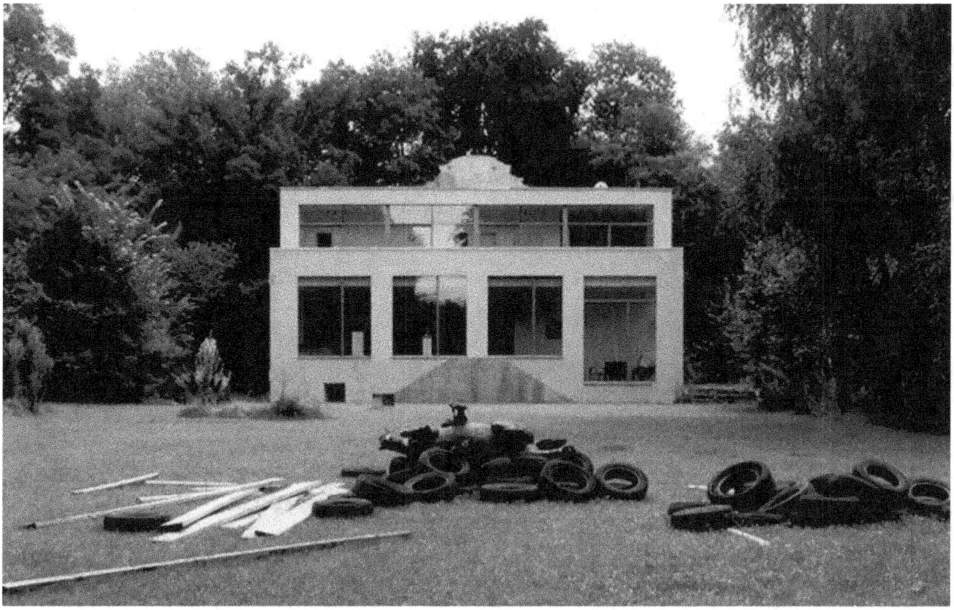

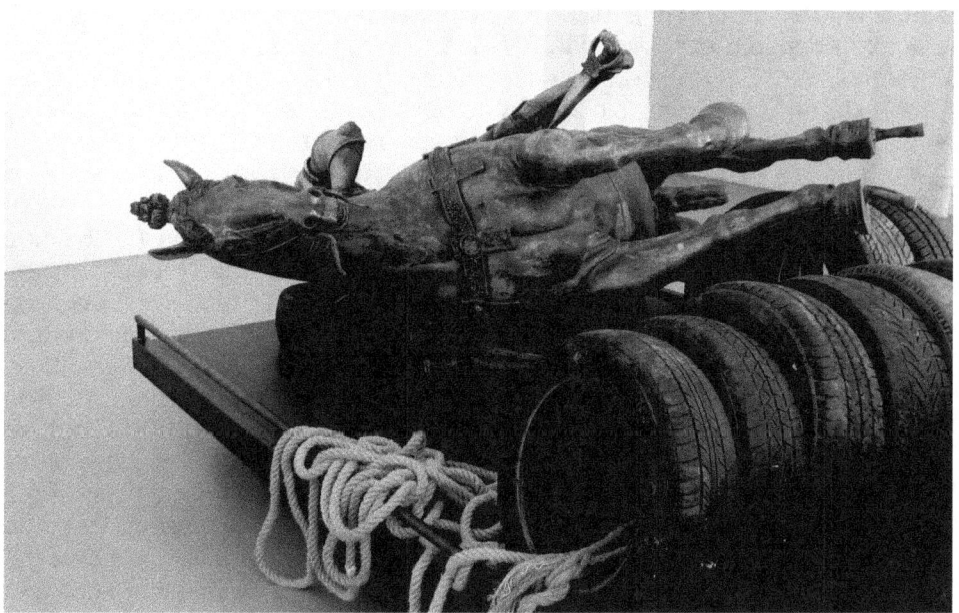

Abb.15: Franziska Cordes: *Ruhig, leer und offen für alles*, 2009, Biesenthal
Abb.16: Cordes: *Ruhig, leer und offen für alles*, 2009, Berlin

COLLEONI IN BERLIN

In der Galerie Sandra Bürgel lag das Standbild einige Monate später im Rahmen der Ausstellung *15 Minuten Anonymität, warm*[19] von Franziska Cordes auf einer flachen Pritsche, die der Ladefläche des Abschleppwagens nachempfunden war. Die Künstlerin erinnerte mit dieser Installation an den Transport bzw. die horizontale Verschiebung der Skulptur. Auf einem Monitor liefen die Aufnahmen vom Abriss. [Abb.17-19] Zu hören waren hauptsächlich die Hammerschläge, mit denen die Plinthe gelöst wurde, und das Röhren der Seilwinde, womit das Standbild auf die Pritsche des LKWs gezogen wurde.

In dem zehnminütigen Film mit dem Titel *Advocat*[20] wird der Arbeitsvorgang wie durch ein Schlüsselloch betrachtet. Manchmal sind nur Hände zu sehen, manchmal nur ein Hemdkragen. Oftmals verdecken Kleidungsstücke die gesamte Bildfläche. Auch andere Gegenstände werden so stark herangezoomt, dass nur Ausschnitte des Reifenstapels oder Details des Standbildes zu erkennen sind. Auch die vom Dach des Transporters aufgenommene Sequenz, in der die gesamte Ladefläche zu sehen ist, wirkt durch die überhöhte Kameraposition, als ob sie heimlich, etwa von einem Überwachungssystem, gefilmt worden wäre.

Der Film ist chronologisch aufgebaut: Das Lösen der Bodenplatte, das Aufschichten der Reifen, das Befestigen der Seile um den Leib des Pferdes, dann der Sturz des Gusses, der ebenfalls nicht als Totale gezeigt wird. Eingeblendet wird der Kopf des Pferdes, der relativ langsam kippt und am unteren linken Bildrand verschwindet. Danach sind nur noch Laubbäume zu sehen, deren Blätter sich leicht im Wind bewegen. Diese Einstellung erinnert an Comiczeichnungen, und auch das leere blecherne Geräusch, das beim Auftreffen des Pferdes auf den Reifenstapel entsteht, wirkt eher komisch.

Die darauf folgende Szene wird mit dem Satz »Ich muss mal kurz nachdenken.« eingeleitet. Danach stellt sich Ruhe ein. Es werden nur wenige Wörter gesprochen, wodurch diese Szene die konzentrierte Langsamkeit wiedergibt, mit der zu Werke gegangen wurde. Kurz danach heult die Seilwinde auf. Das Drahtseil spannt sich und »Peng!«, das Seil reißt direkt dort, wo es um den Hals von Colleoni gelegt worden war.

Nun wird das Drahtseil der Winde direkt am Standbild befestigt. Das schrille Geräusch ertönt wieder, und das Standbild wird weiter in Richtung Ladefläche gezogen. Unter dem Guss bewegen sich Bretter wie Treibholz hin und her. Drei Arbeiter schieben und drücken derweil das Objekt in die gewünschte Richtung. Gegen Ende des Films werden die Reifen aufgeladen und sorgfältig vertäut. Zum Schluss ist wie nach dem eigentlichen Sturz der Statue nur noch zu sehen, wie das Laub, gegen das Colleoni ehemals anritt, sich sanft im Winde wiegt. Die Skulptur wurde beseitigt.

Die Kameraeinstellungen fokussieren den Arbeitsvorgang. Es dominieren Nahaufnahmen der einzelnen Arbeitsschritte, und der Ton verstärkt diese Arbeitsatmosphäre zusätzlich. Es wird nicht darauf eingegangen, warum die

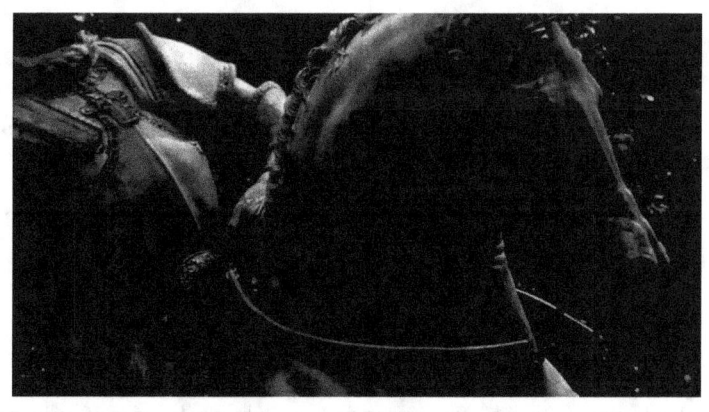

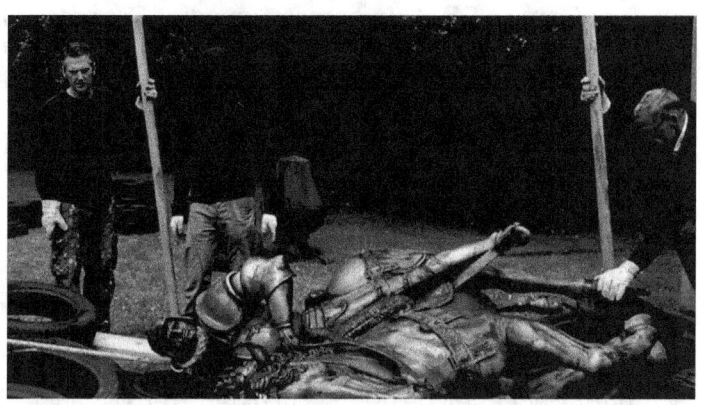

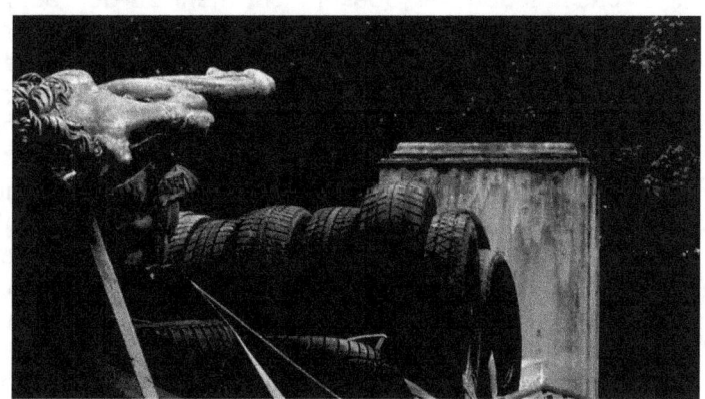

Abb.17-19: Standbilder aus dem Film *Advocat* von Franziska Cordes und Markus Bertuch, 2009

Skulptur überhaupt in Hannover aufgestellt worden war. Ebenso ist der Film nicht als Propaganda zu verstehen. Vielmehr wurde den Arbeitern über die Schulter gesehen als sie mit einfachen Mitteln und eher unprofessioneller Vorsicht das Standbild bewegten. Es ist nichts von Aggressivität, wie beispielsweise beim Sturz der Skulptur von Sadam Hussein im Irak, zu spüren. Der Film *Advocat* zeigt die Angespanntheit und den Respekt, mit dem wir, als Arbeiter, uns dem kulturhistorischen Relikt aus der anderen vergangenen Zeit nähern.

WOHIN MIT COLLEONI?

Nach der Ausstellung wurde das Standbild, die Kopie aus Hannover, eingelagert. Es liegt in irgendeinem Lager in Berlin. Das Original steht noch immer auf dem Campo SS. Giovanni in Venedig. Circa drei Jahre lang wurde es, von 2003 bis 2006, mit finanzieller Hilfe vom *World Monument Fund* restauriert. Dies war auch sinnvoll, denn es ist eines der bedeutendsten Beispiele für Reiterstandbilder der Spätrenaissance. Wie gezeigt wurde, ist es an den Aufstellungsort gebunden und durch den Symbolgehalt fest im Venedig des 15. Jahrhunderts verankert.

Im Gegensatz zu dieser Arbeit, die trotz ihrer potentiell reproduzierbaren Herstellungsweise als Original angesehen werden muss, sind die Kopien in einen neuen Kontext bzw. in eine neue, meist moderne Umgebung implantiert worden. Der Renaissancemensch Colleoni steht wie ein Fremdkörper in einer anderen neuen Welt.

Auf der Weltausstellung in London war den Besuchern bewusst, dass es sich um Kopien der beiden wichtigsten Renaissance-Standbilder handelte. Die anderen Kopien stehen eher als Hieroglyphen auf öffentlichen Plätzen. Meist passt schon der Sockel nicht mehr zu den ästhetischen Codes des Werks. Durch diese fundamentale Ortlosigkeit und ihre Entkontextualisierung scheinen sie eben nicht viel mehr als ein zusammenhangsloses, kunsthistorisches Zitat zu sein. Durch diese Eigenschaft erinnern sie an die Standards der eklektischen Postmoderne, in der historische Vorbilder beliebig verwendet wurden.

Die Kopie in Hannover hätte wie das Original in Venedig restauriert werden müssen. Die Erich Cordes Erbengemeinschaft entschloss sich hingegen, das Standbild vom Sockel zu nehmen, damit es nicht unkontrolliert herunterfällt und gegebenenfalls Menschen verletzt. Es wurde nicht der Versuch unternommen, diesen Teil des Erbes zu erhalten. Daher vergab Franziska Cordes, als Künstlerin, den Auftrag, das Werk abzubauen. Sie legte den konzeptuellen Rahmen fest, wie mit dem Werk verfahren werden sollte. Die Ausführung überließ sie den beauftragten Akteuren.

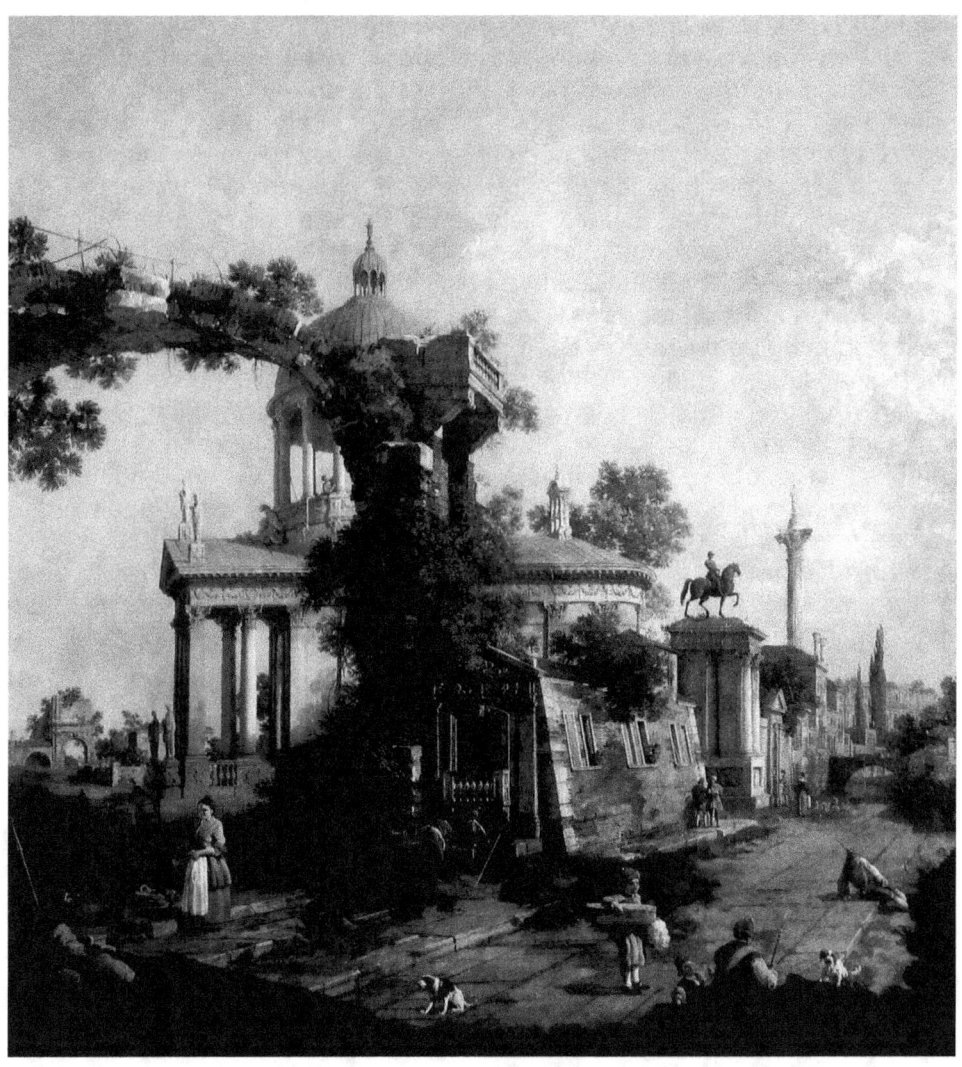

Abb.20: Canaletto. *Capriccio mit Colleoni-Monument*, 1744

In Biesenthal wurde die Skulptur nicht wieder aufgebaut, auch wenn dies vielleicht seitens der Ausstellungsmacher erwartet wurde. Franziska Cordes wollte Colleoni aber nicht in ein romantisches Ambiente versetzen, wie es Canaletto in einem seiner Bilder getan hatte [Abb.20]. Stattdessen lag das Standbild in Biesenthal wie von einem Flugzeug mit einem Fallschirm abgeworfen auf der Wiese herum. Nichts deutet darauf hin, dass die alte Ordnung, die das Standbild in Venedig demonstrieren soll, in irgendeiner –vielleicht auch nostalgischen– Weise wieder aufleben soll. Das Reitermonument mit seinem kopierten hohen Kunst- und Symbolgehalt liegt am Boden.

Der Guss wurde zum Baustein einer Installation und dadurch zum Ausgangspunkt für etwas Neues. Nicht die alte Ordnung ist gestürzt worden, denn das Original steht immer noch an seinem Platz. Vielmehr wird hier der Umgang mit dem kulturellen Erbe thematisiert, weil lediglich ein Platzhalter zu Fall gebracht wurde. Es stellt sich die Frage, was nun mit dem Standbild und den übrigen Gegenständen passieren soll. Welche Fortsetzung ließe sich denken? Der Betrachter muss selbst Ordnung stiften.

Der Prozess, der hier mit realen Gegenständen nachvollzogen wurde, lässt sich mit Gedankenprozessen vergleichen, die in jedem von uns stattfinden. Tagsüber nehmen wir Millionen von Sinneseindrücken auf, erinnern uns an vorangegangene Ereignisse und denken über vieles nach. Diese Flut von Informationen, die wir täglich wahrnehmen, wird teilweise unbewusst im Schlaf verarbeitet. Gedankenströme sind ständig in Bewegung und müssen immer wieder neu organisiert oder kanalisiert werden. Erinnerungen werden aufgerufen, neu bewertet, umgedeutet und wieder andernorts abgelegt. Die Arbeit *Ruhig, leer und offen für alles* erscheint in diesem Zusammenhang, als ob die Reorganisation der Gedanken noch nicht abgeschlossen ist. Vielmehr befindet sich das Werk mit all seinen konkreten und verdeckten Anspielungen in einem transistorischen Zustand.

Wir können nur raten, was mit dem Standbild passieren wird. Gern würde die Künstlerin den Guss mit Hilfe irgendeines thermodynamischen Verfahrens zerspringen lassen. Vielleicht wird das Material, die Bronze, auch einfach eingeschmolzen und wieder in neue Form gebracht. Vielleicht gerät die Kopie auch einfach in Vergessenheit und verstaubt im Archiv. Alles offen.

ENDNOTEN

1. Vgl. Frank Frangenberg: *skulptur projekte münster 07* (Kurzführer), hrsg. von skulptur projekte münster 07 / LWL-Landesmuseum für Kunst und Kulturgeschichte, Münster (Köln: Walther König, 2007) S.33
2. Vgl. Benjamin Buchloh: „Die Konstruktion (der Geschichte) der Skulptur", im Ausstellungskatalog: *Skulptur Projekte Münster*, hrsg. von Klaus Bußmann und Kaspar König (Köln: DuMont, 1987) S.374
3. Vgl. Dietrich Erben: *Bartolomeo Colleoni: die künstlerische Repräsentation eines Condottiere im Quattrocento* (Sigmaringen: Thorbecke, 1996) S.149-152
4. Hermann Boekhoff und Gottfried Lindemann: *Lexikon der Kunststile: Von der griechischen Archaik bis zur Renaissance*, Bd.1 (Reinbeck bei Hamburg: Rowohlt, 1985)
5. Ernst Gombrich: *Die Geschichte der Kunst*, 16. Ausgabe (Frankfurt am Main: S. Fischer Verlag, 1995)
6. Giorgio Vasari: *Lebensläufe der berühmtesten Maler, Bildhauer und Architekten*, 5. Auflage (Zürich: Manesse Verlag, 1993)
7. Boekhoff und Lindemann: *Lexikon der Kunststile,* Anm.4, S.155
8. Ebd.
9. Vgl. Gombrich: *Die Geschichte der Kunst*, Anm.5, S.293. Kunsthistorisch ist ebenfalls interessant, dass in der Werkstatt von Verrocchio nicht nur Leonardo, sondern auch Botticelli, Credi, Perugino, Ghirlandajo und Fiorenzo di Lorenzo gearbeitet haben.
10. Vasari schreibt in seinen Viten noch von Vellano. Andere Kunsthistoriker wie Burkhardt, Wölfflin und Erben sprechen von Bellano.
11. Vgl. Vasari: *Lebensläufe der berühmtesten Maler, Bildhauer und Architekten*, Anm.6, S.290 oder vgl. Erben: *Bartolomeo Colleoni*, Anm.3, S.165
12. Leon Battista Alberti, zitiert nach Erben: *Bartolomeo Colleoni.* Ebd. S.221
13. Vgl. ebd. S.182
14. Boekhoff und Lindemann: *Lexikon der Kunststile*, Anm.4, S.155
15. Gombrich: *Die Geschichte der Kunst*, Anm.5, S.294
16. http://www.newarkhistory.com/colleoni (Aug. 2010)
17. Die Untersuchung wurde von der Restauratorin Vera Fendel durchgeführt. Vgl. http://www.vera-fendel.de/projekte.html (Aug. 2010)
18. Die Ausstellung *Inkonstruktion IV* fand vom 18.7. bis zum 27.09.2009 in Biesenthal statt.
19. Die Ausstellung lief vom 26.9. bis zum 31.10.2009 in der Galerie Sandra Bürgel.
20. Der Film *Advocat* wurde 2009 von Franziska Cordes und Markus Bertuch gedreht, geschnitten und produziert.

ABBILDUNGSVERZEICHNIS

Abb.1: Andrew Butterfield: *The Sculptures of Andrea Del Verrocchio* (New Haven & London: Yale University Press, 1997) S.175
Abb.2: © Franziska Cordes
Abb.3: Ernst Gombrich: *Die Geschichte der Kunst*, 16. Ausgabe (Frankfurt am Main: S. Fischer Verlag, 1995) S.292
Abb.4: Katharine Baetjer und J.G. Links: *Canaletto* (New York: The Metropolitan Museum of Art, 1989) S.179
Abb.5: Andrew Butterfield: *The Sculptures of Andrea Del Verrocchio* (New Haven & London: Yale University Press, 1997) S.158
Abb.6: © Franziska Cordes
Abb.7: http://upload.wikimedia.org/wikipedia/commons/4/4f/Bartolomeo_ Colleoni_cast.jpg (Aug. 2010)
Abb.8: http://i242.photobucket.com/albums/ff70/boringname_photos/c2.jpg (Aug. 2010)
Abb.9: http://upload.wikimedia.org/wikipedia/commons/d/d1/6_Warszawa_ 264.jpg (Aug. 2010)
Abb.10: http://upload.wikimedia.org/wikipedia/commons/a/ac/0907_ Colleoni_Monument_in_Szczecin_SZN_2.jpg (Aug. 2010)
Abb.11: http://www.ettc.net/njarts/examples/Doug_RhindColleoni350.jpg (Aug. 2010)
Abb.12: © Franziska Cordes
Abb.13: © Gerald Geilert
Abb.14: © Erich Cordes Erbengemeinschaft
Abb.15-16: © Franziska Cordes
Abb.17-19: © Franziska Cordes und Markus Bertuch
Abb.20: Katharine Baetjer und J.G. Links: *Canaletto* (New York: The Metropolitan Museum of Art, 1989) S.265

www.ingramcontent.com/pod-product-compliance
Lightning Source LLC
Chambersburg PA
CBHW050036230526
45470CB00003B/1309